westermann

Rechtschreiben 1
Zum Selbstlernen

Erarbeitet von

Matthias Greven

Marie-Claire Kirchhoff

Illustriert von

Matthias Berghahn

Antje Hagemann

Inhaltsverzeichnis

Inhaltsverzeichnis

Inhaltsverzeichnis

Meine Lieblingswörter:

1 Verbinde.

U

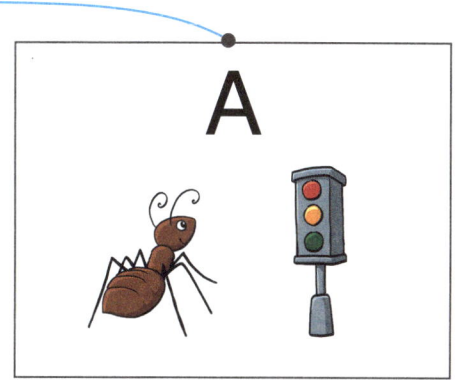

A

2 Verbinde.

L

M

S

Laute am Wortanfang hören

1 Sprich und verbinde.

2 Sprich und streiche durch.

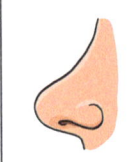         

Silben zuordnen

1 Sprich und setze Silbenbögen.

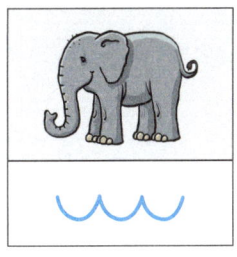    

2 Sprich in Silben und verbinde.

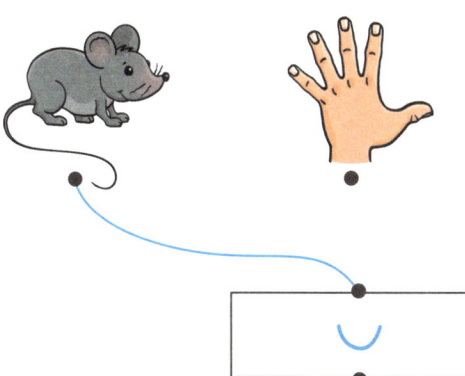    

  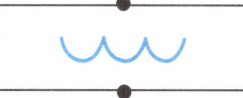

1 Verbinde.

 🔍	Lu · La  
📏	Li · Lu
🦙	Le · La
⛵	Su · Se
🔦	Mi · Ma

🛋	So · Sa
🎨	Me · Ma
🥤	Lo · Li
🐞	Mi · Ma
☕	Ta · To

🍅	Ti · To
🐚	Ma · Mu
🥬	Sa · Se
🍉	Me · Mo
🗑	Ta · To

2 Sprich in Silben und male an.

⌣ →	rot
⌣⌣ →	grün
⌣⌣⌣ →	blau

1 Sprich deutlich. Kreise in der gleichen Farbe ein.

2 Sprich genau. Verbinde.

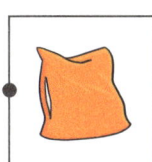

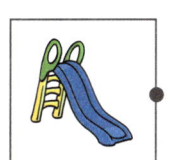

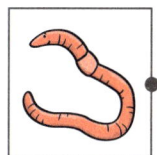

Reimwörter erkennen

1 Sprich deutlich. Verbinde.

2 Sprich deutlich. Streiche durch.

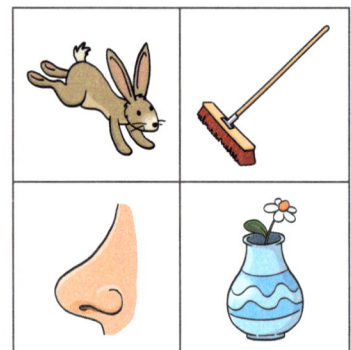

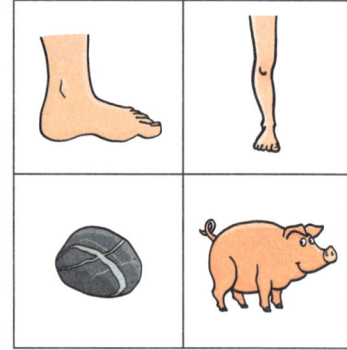

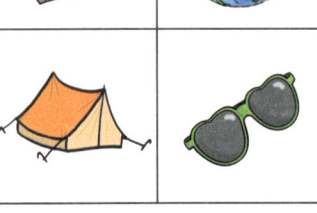

1 Bilde Wörter und verbinde.

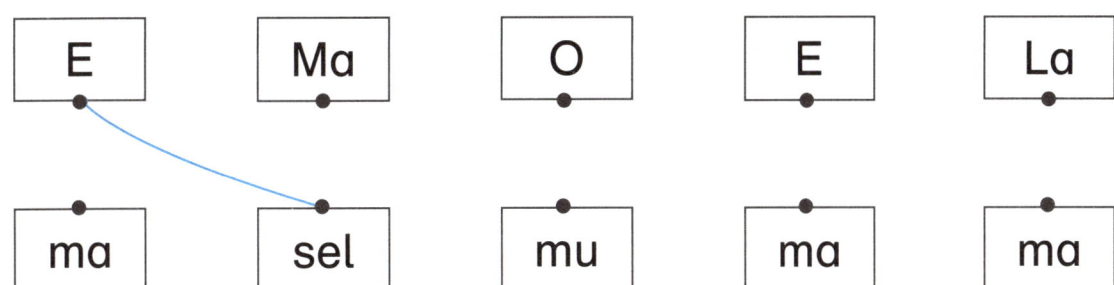

E	Ma	O	E	La

ma	sel	mu	ma	ma

2 Schreibe auf.

Emu

3 Setze ein.   am   im

Oma ist _am_____ 🏠 .

Mama ist _____ 🥅 .

Mama ist _____ 🌳 .

Oma ist _____ 🪑 .

Oma ist _____ 🚗 .

Mama ist _____ 🚰 .

1 Sprich deutlich und verbinde.

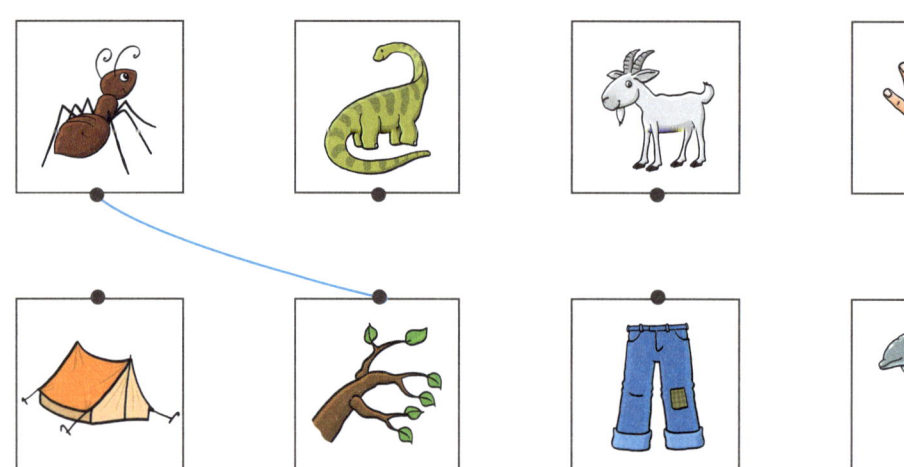

2 Sprich deutlich und verbinde.

☺ ☺ ☺ ☹

Wo landen die Tiere? Finde das Lösungswort heraus: ___ ___ ___ ___
              1   2   3   4

Laute am Wortanfang hören

1 Sprich und verbinde.

W	B

E	D

F	Sch

G	I

H	R

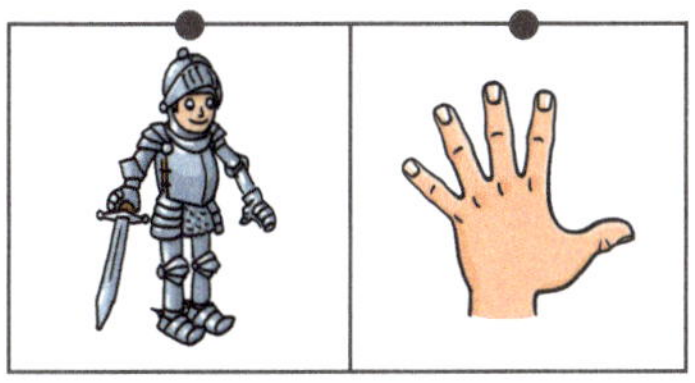

N	K

M	O

P	S

Z	A

2 Sprich und verbinde.

O		N		T		R		I

1 Sprich deutlich. Kreise in der richtigen Farbe ein.

(M) (L) (S) (E)

2 Lies und setze ein.

 <u>L</u> ampe    ____ ama    ____ sel

 ____ onne   ____ ase    ____ ofa

 ____ aterne    ____ aus   ____ nte

 ____ mpel    ____ ma    ____ alat

Silben zuordnen

1 Verbinde.

Re		Lu		Me	
Ra		Li		Mo	
Ro		Lo		Mi	

El		Lo		Si	
Em		La		Se	
En		Li		Sa	

La		Si		Li	
Le		Se		Lo	
Li		So		La	

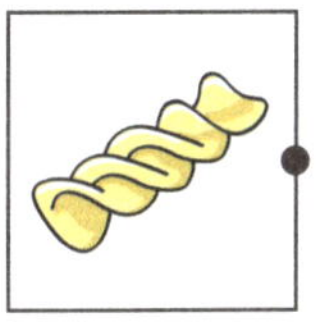

Nu		Ro		Sa	
Na		Ra		So	
No		Re		Si	

2 Male an.

Me	To	Tan	Sa	La
ma	lo	lat	Tin	ne
ter	te	ne	te	te

1 Verbinde.

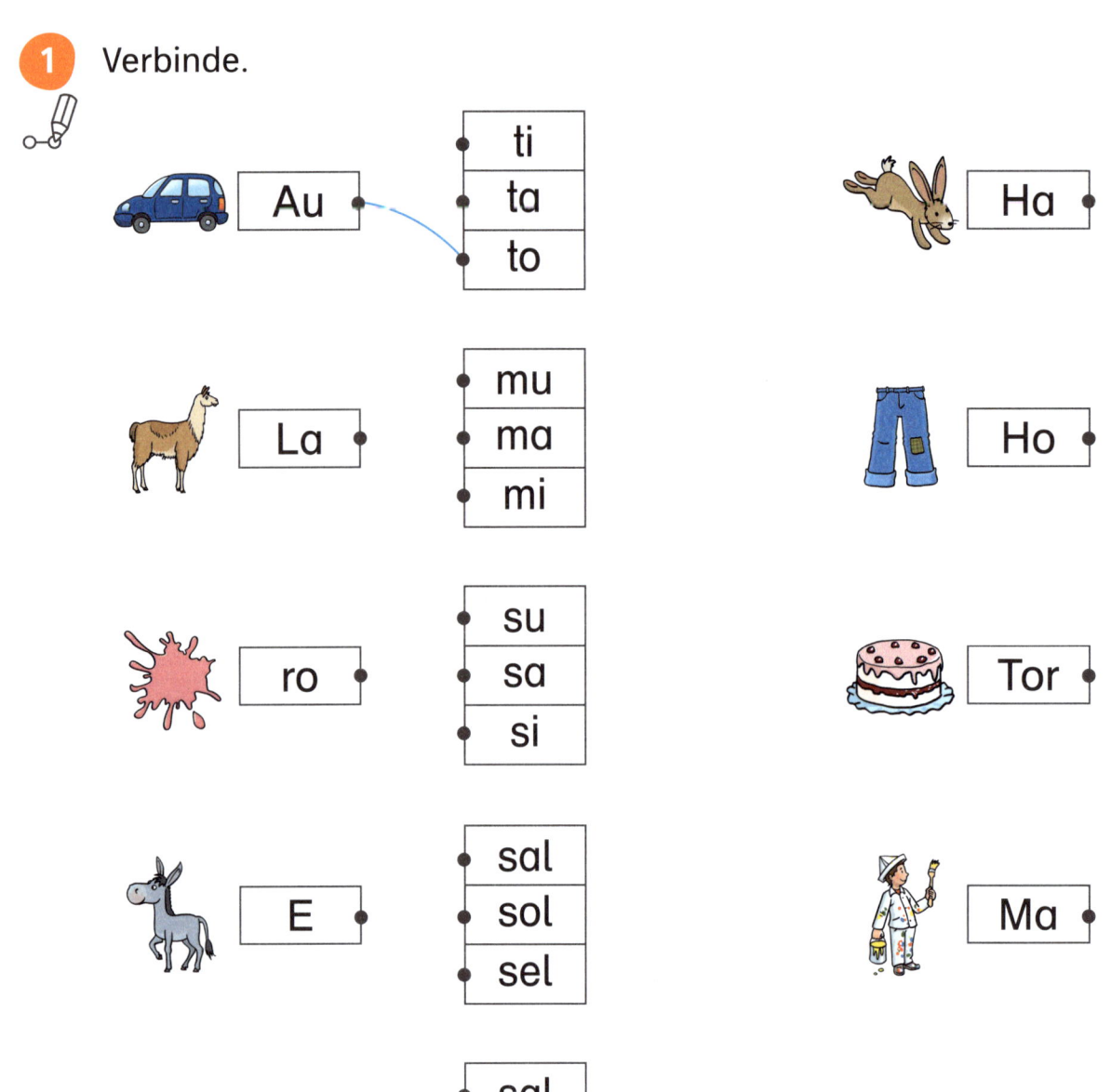

Au	ti
	ta
	to

Ha	se
	si
	so

La	mu
	ma
	mi

Ho	su
	si
	se

ro	su
	sa
	si

Tor	ta
	to
	te

E	sal
	sol
	sel

Ma	ler
	lor
	lur

In	sal
	sel
	sol

Man	tel
	tol
	tul

2 Finde eigene Wörter.

⌣	⌣⌣	⌣⌣⌣

A – E – I – O – U sind **Silbenkerne**.
In jeder Silbe ist ein Silbenkern.

Lu pe, le sen, To ma ten

1 Sprich und setze Silbenbögen. Trage die Silbenkerne ein.

u

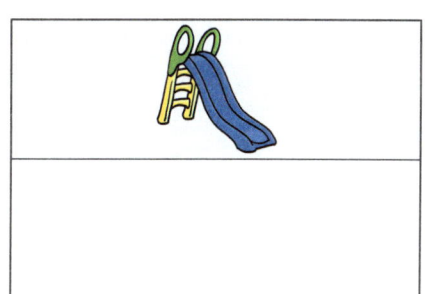

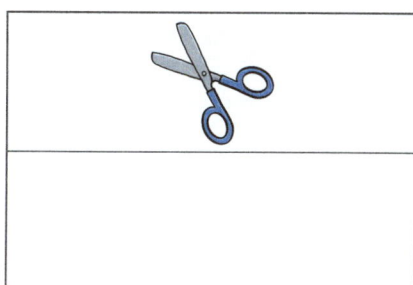

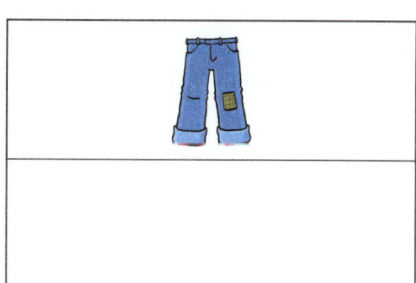

2 Verbinde und schreibe.

Man	lat
La	tel
Sa	ma

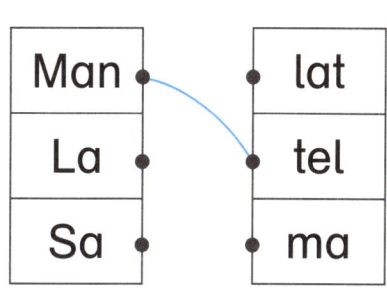

M _antel_ _____

S _____

L _____

Silbenkerne erkennen

1 Sprich und setze Silbenbögen. Trage die Silbenkerne ein.

o   o   a   e

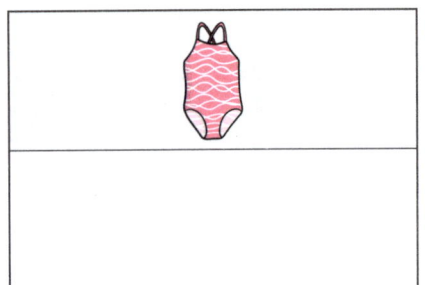

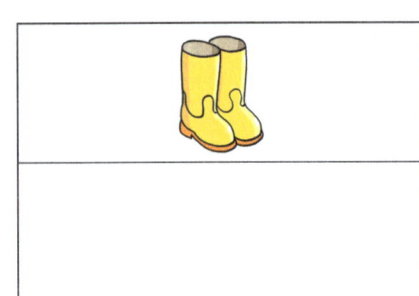

2 Kreise das passende Wort ein.

u   e

i   e

u   e   o   e

a   e

o   e   e

Abschreiben üben

1 Finde Wörter und kreise ein. Schreibe sie ab.

Dt**Amsel**FhaLimoPuwrSalamiKosarrMinm

Amsel

NdsuulTomateNmlidsTrSalatLlMmSnTore

2 Schreibe auf.

Amsel					

3 Schreibe auf.   um   mit   ich   im

Lena __und__ Mama und Oma am Tor.

Mama und _____ am 🚗.

Alle _____ Oma.

Oma ist _____ 🏠.

1 Verbinde.

Al
At
Am

Ti
To
Te

Sa
So
Si

2 Sprich und setze Silbenbögen. Trage die Silbenkerne ein.

a e

Finde die Wörter. Male an.

S	a	l	a	m	i	w	c
x	A	m	s	e	l	E	B
T	o	m	a	t	e	q	r
w	x	t	o	T	o	r	e
f	z	L	i	m	o	x	m
q	O	m	a	y	z	w	m
c	f	p	i	L	a	m	a
E	s	e	l	y	c	z	p

Laute im Wort hören

1 Sprich deutlich. Kreuze an, wo du den Laut hörst.

R r	(Schere)	(Rose)	(Brot)	(Bär)
	X			

S s	(Sonne)	(Hase)	(Maus)	(Dose)

T t	(Tomate)	(Auto)	(Ente)	(Hut)

2 Setze ein.

 Robo_t_er

 Ha___e

 Mau___

 Ro___e

 Hu___

 Rake___e

 Wo___ke

 Na___e

 En___e

 Wa___

 Hau___

 Bro___

 Gla___

 Rau___e

 Do___e

Laute am Wortende hören

1 Sprich deutlich und kreise ein. Trage die Buchstaben ein.

	Om a̅u̲ (a eingekreist)	Om _a_		Roll u̅e̲	Roll ___
	Nude l̅m̲	Nude ___		Sala t̅m̲	Sala ___
	Din a̅o̲	Din ___		Nage t̅l̲	Nage ___
	Ese l̅m̲	Ese ___		Salam o̅i̲	Salam ___
	Amse n̅l̲	Amse ___		Rasse m̅l̲	Rasse ___
	Lass o̅e̲	Lass ___		Tur t̅m̲	Tur ___
	Gla s̅m̲	Gla ___		Hau s̅m̲	Hau ___
	Hun d̅s̲	Hun ___		Bro k̅t̲	Bro ___
	Mau s̅m̲	Mau ___		Aut o̅i̲	Aut ___
	Lim o̅i̲	Lim ___		Hu s̅t̲	Hu ___

In der 2. Silbe versteckt sich oft ein **e**.
Diesen Silbenkern kannst du schlecht hören.

Na del, Ra sen, En te

1 Verbinde. Markiere die Silbenkerne.

Ma
- ler
- der
- ter

Na
- sel
- del
- rel

Man
- bel
- tel
- sel

Ra
- men
- ten
- sen

E
- sel
- nel
- del

Ro
- men
- ten
- sen

Ras
- sel
- mel
- tel

Nu
- sel
- del
- tel

le
- sen
- ten
- nen

ren
- sen
- ten
- nen

Do
- se
- le
- me

Bil
- ser
- der
- mer

1 Verbinde. Schreibe auf.

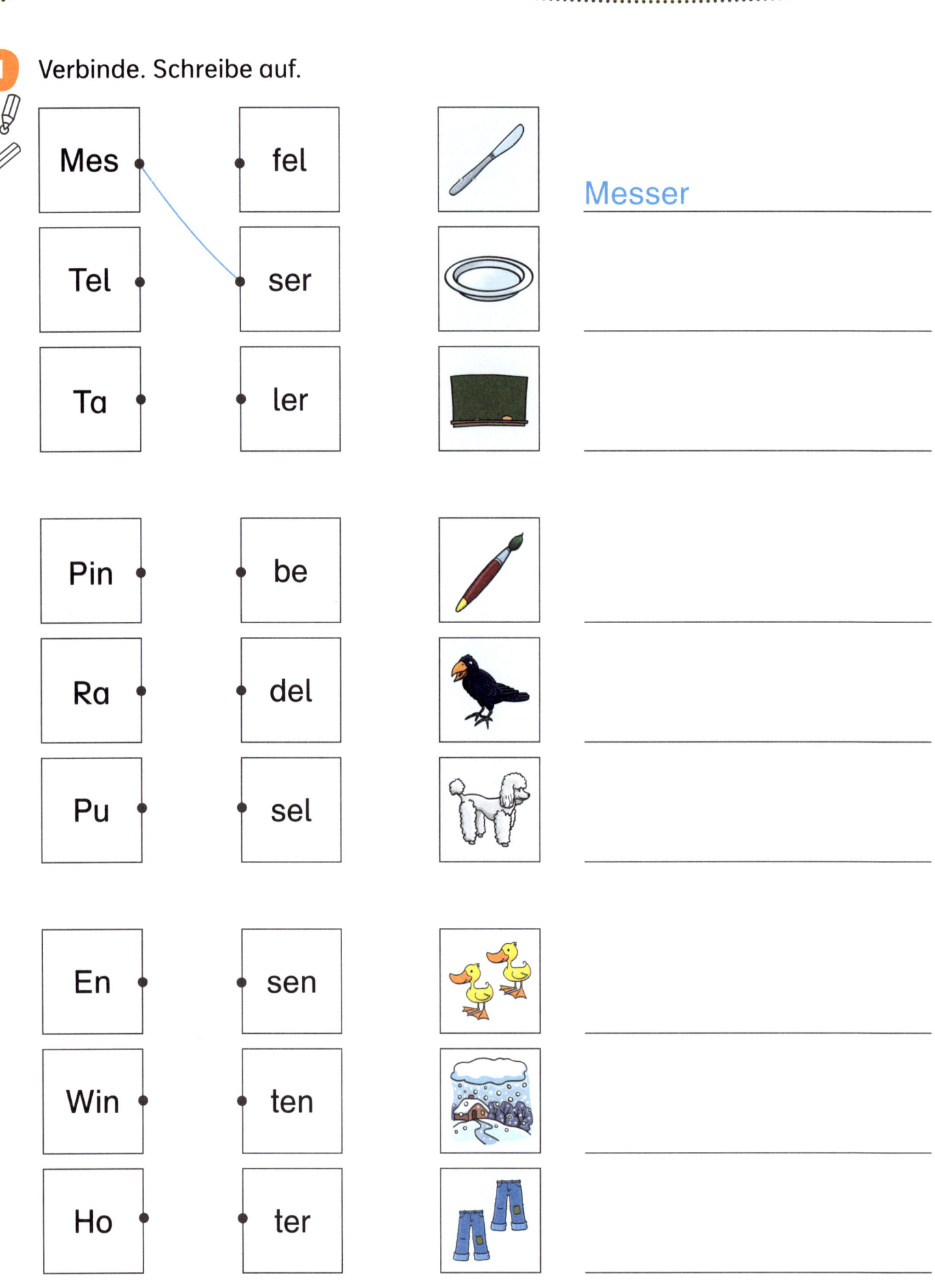

Mes — ser → Messer

Reimwörter erkennen

1 Verbinde.

 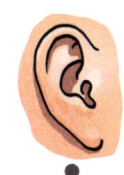   

Tonne   Rose   Tanne   Insel   Tor

Hantel   Rolle   Mund   Tasse   Nase

2 Streiche durch.

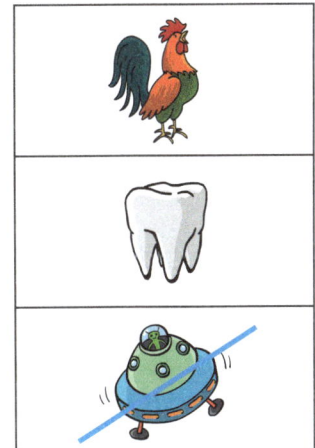  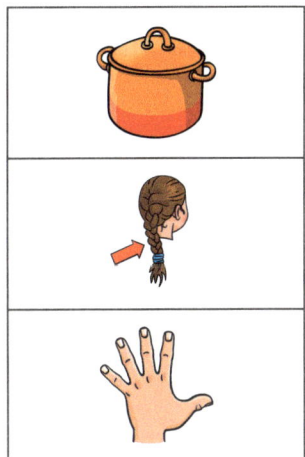 

Reimwörter erkennen

1 Kreise in der gleichen Farbe ein.

2 Reime.

 Rose _____  _____

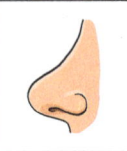 _____ 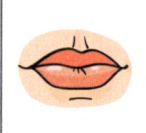 _____

 _____ 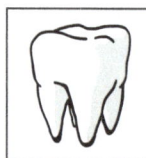 _____

 _____ 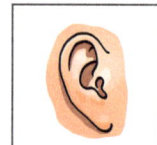 _____

 _____  _____

Abschreiben üben

1 Verbinde und schreibe auf.

En	sen	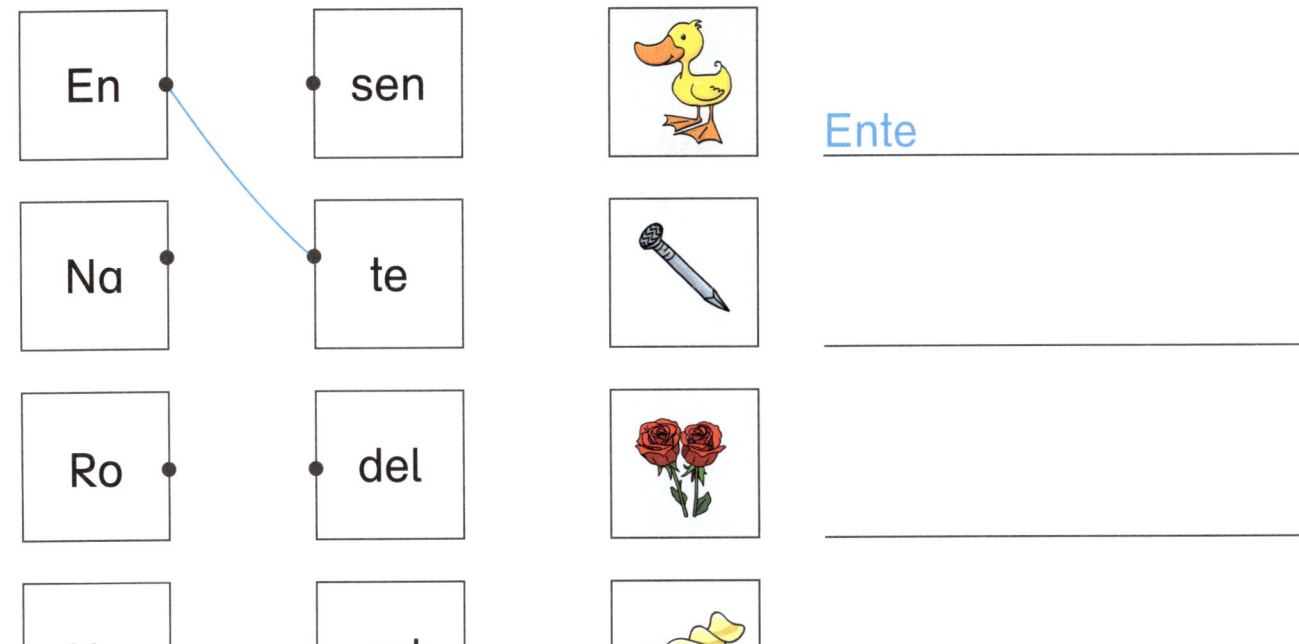	Ente _____
Na	te		_____
Ro	del		_____
Nu	gel		_____

2 Schreibe auf. Setze Silbenbögen und markiere die Kerne.

   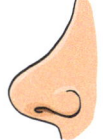 

Lose, _____

3 Schreibe ab.

er	er _____	wie	_____
bin	_____	wir	_____
nur	_____	aber	_____

1 Sprich deutlich. Trage ein.

Hund _e_    Ameis____

Ams____    ess____

Mal____    Bes____

2 Male in der passenden Farbe an und schreibe auf.

To	Me	Tan	Leu
te	ma	lo	te
te	sen	ne	le

Tomate, _____

_____

Male die Silbenkerne grün an.

Es gibt Wörter, die man großschreibt. Man nennt sie **Nomen**.
Nomen geben Menschen, Tieren, Pflanzen und Dingen einen Namen.

das Kind, die Rose, der Sessel, die Ente

1 Setze ein.

die ___onne

der _B_ aum

der ___ee

die ___nte

die ___elone

das ___ind

das ___esser

der ___pa

die ___omate

der ___eller

die ___iese

der ___isch

1 Kreise in der richtigen Farbe ein.

| Menschen | Tiere | Pflanzen | Dinge |

2 Schreibe die Wörter von oben.

Menschen	Tiere	Pflanzen	Dinge
		Gras	

1 Finde die Nomen und kreise ein. Schreibe sie auf.

alkSkjDk(Tomate)TirpsoLimoHgadsMutterJkp

Tomate,

UhaLissRollerPosiTRaEimerGrwaMatteHop

BruderOpgdfFotoNesrRaMeloneWpKZlati

LILopHundRuspncEuroJagTjhsdgLeiterDsiaRT

jhadgfPalmevirTTgfLupeHfRTafelK

SDfpTulpeMnbOnkelZtufAmpelUzW

1 Schreibe die Nomen. Markiere den ersten Buchstaben.

 Telefon _____    _____

 _____    _____

 _____    _____

 _____    _____

 _____    _____

2 Schreibe die Nomen auf.

a m T t e o	R e s o	t B o r
Tomate		

s a e N	t T e a n	l e E s

d u n H	m n e D u a	l e b n a Sch

1 Trenne die Wörter ab und schreibe sie auf.

NESTMUNDMANNBLUME

Nest,

BILDTOMATEOMALIMO

BUSWALMESSERKIND

HOSERABEHUTBANANE

EISWURSTWANNEFARBE

WALDHUNDTANNEENKEL

Wortgrenzen erkennen

1 Trenne die Wörter ab und schreibe die Sätze auf.

Wir/lesenundlachen.

Wir _____

TimistamSee.

_____

OmaistmitMamaimAuto.

_____

WirmalenBildermitFarbe.

_____

EnnowartetamTurm.

_____

AlleessenSalatundTomaten.

_____

1 Setze ein. Achte auf die Großschreibung.

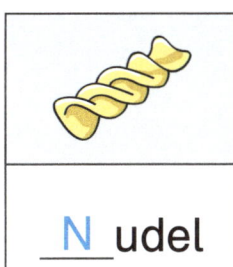				
_N_udel	___eiter	___esen	___anne	___ose

___iese	___ama	___lefant	___pa	___alme

2 Schreibe die Nomen auf.

Menschen	Tiere	Pflanzen	Dinge
			Nudel

3 Schreibe ab.

Wir werden wieder lesen.

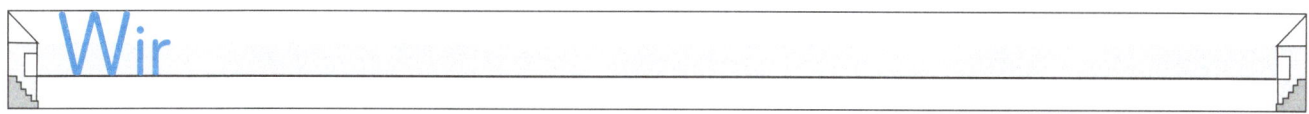

Wir

Diese Torte war ganz toll.

1 Trenne die Wörter ab.

EIS|ASTEIMERESELWASSERLASSOERDE

BRILLEBOOTSESSELOFENRATTEPAPIER

2 Schreibe, setze Silbenbögen und markiere die Silbenkerne.

 Eimer _____

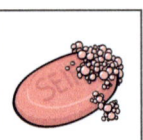 _____

 _____

 _____

Finde das Lösungswort heraus: __ __ __ __ __ __ __
                                1 2 3 4 5 6 7

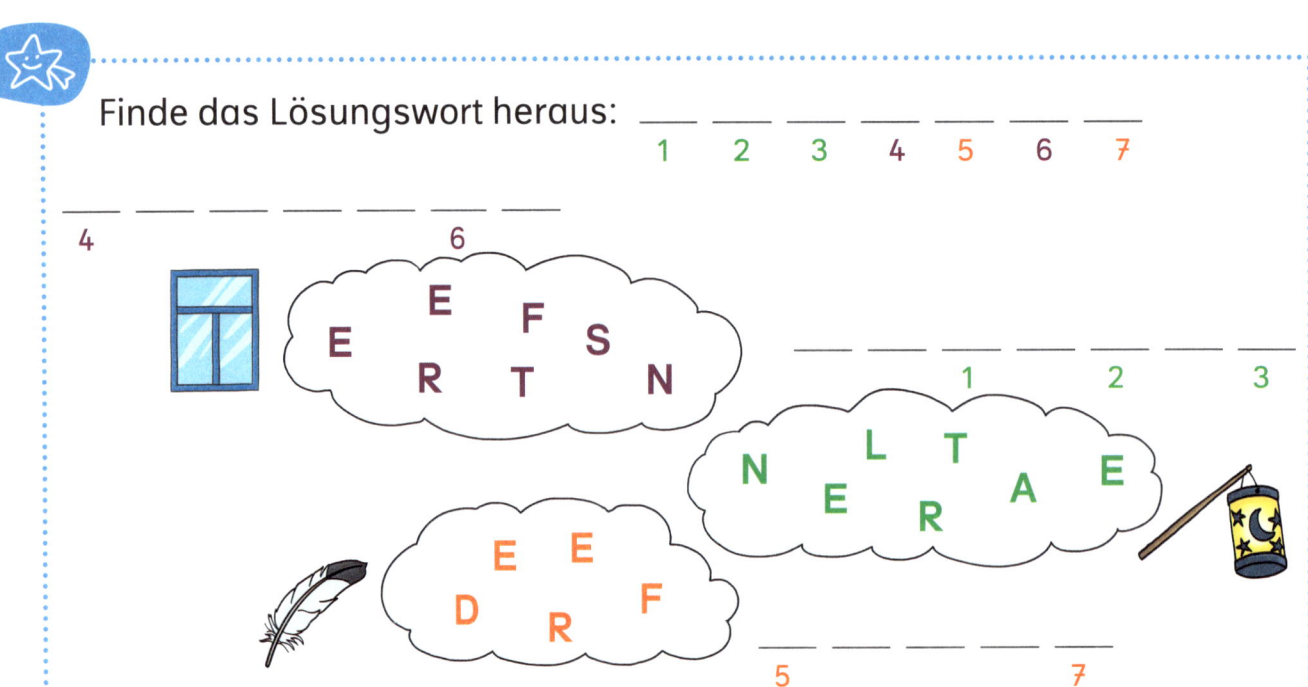

Silbenkerne erkennen

1 Verbinde. Markiere die Silbenkerne.

Nu — d**el** / tel

Blu — sen / men

But — ser / ter

Ne — tel / bel

Fe — der / ser

Ra — ren / sen

Trom — tel / mel

Bil — der / mer

Be — len / sen

Wel — me / le

2 Setze ein: **e**, **el**, **en**, **er**

 Hos e___

 Taf___

 Dos___

 Mant___

 Hamm___

 Ros___

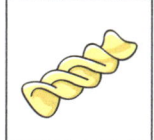 Nud___

 Ritt___

 Ent___

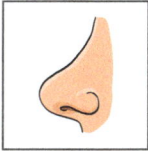 Nas___

 Has___

 Mutt___

1 Sprich und schreibe auf.

 Ampel			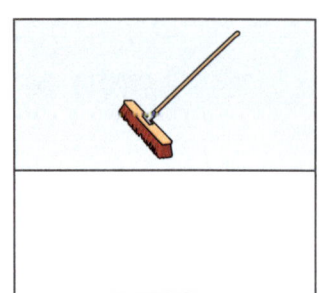
			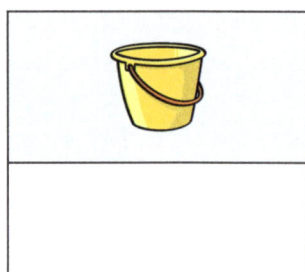
	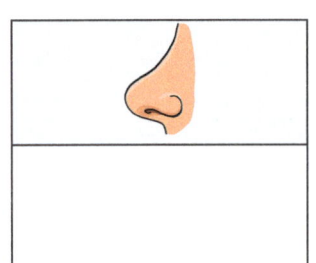		

Jeder Satz ist eine Minigeschichte.
Am Ende steht ein Punkt.

Oma malt ein Bild.   **Nina isst Tomaten.**

---

1 Verbinde. Markiere die Punkte.

Oma ist am Auto.

Der Hund hat eine Wurst.

Auf der Wiese sind Blumen.

Toni und Lina lesen.

Tim turnt am Baum.

Mia malt eine Blume.

---

2 Schreibe den passenden Satz zum Bild.

Am Ast ist eine Schaukel.

Am Affe ist eine Schaufel.

Mira und Leon rollen.

Mira und Leon rennen.

Sätze schreiben

Das erste Wort im Satz schreibt man groß.
Am Ende des Satzes steht oft ein Punkt.

Oma ist im Auto**.**   **Das** Auto ist rot**.**

1 Markiere den Satzanfang und den Punkt am Ende.

Mama und Papa sind im Haus**.**

Auf dem Tisch ist Salat mit Tomaten.

Alle finden Salat mit Tomaten toll.

2 Setze Punkte und schreibe ab.

Die Sonne scheint**.**Es ist warm

Die Schule ist aus Wir rennen in den Park

Wir wollen ins Kino. Dort sehen wir einen tollen Film

Reimwörter erkennen

1 Sprich deutlich und verbinde.

lieben   lesen   Klammer   Zahlen   nett

Mutter   schneller   Wand   Riese   schleifen

2 Sprich deutlich. Male Reimwörter in der gleichen Farbe an.

Meise	Hasen	Leiter	Reis	messen
Rampe	drei	Reiter	Sonne	Dame
Name	essen	Reise	Eis	Lampe
rasen	Raub	Laub	frei	Tonne

3 Streiche durch.

Rose	Leiter	Mund	Fisch
Dose	Meise	Wal	Tisch
Teller	Reise	rund	fischen

Reimwörter schreiben

2 Schreibe die Reimwörter auf.

Wurm		Turm	Raum		
Kanne			Kessel		
Hosen			Fest		
Wand			Flasche		
Schild			tippen		
Suppe			Reiter		
Kino			Durst		
Tonne			Laden		
Bauer			Beil		
Fisch			Wind		
Klasse			Dieb		
Lamm			Kuss		
Hupe			Mut		
Mofa			Futter		

1 Markiere den Satzanfang und setze die Punkte. Schreibe ab.

Schon bald werde ich sieben.

Schon bald

Dann werden wir feiern

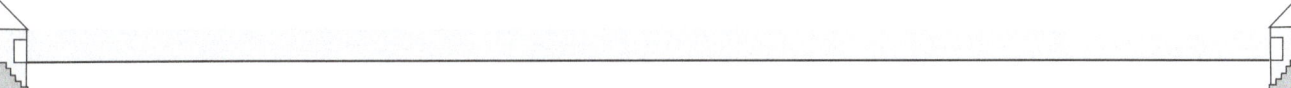

Papa kann mit uns ins Kino

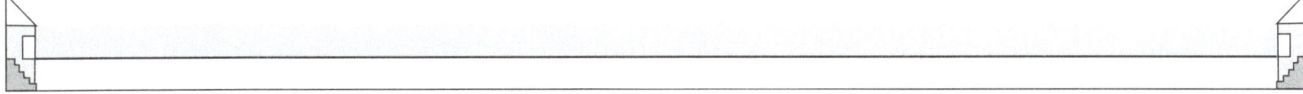

Also das wird eine tolle Feier

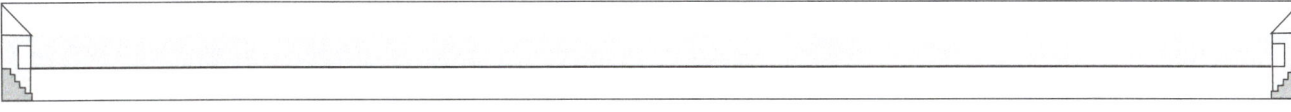

Nun ist es bald soweit

2 Kreise die Wörter ein und schreibe ab.

undTwennLFgazUalsoPrThLdannOFRTohne

und,

1  Verbinde die Reimwörter.

Kessel	Reis	Mund	Nase

2 Schreibe.

Maler

 Löse das Rätsel.

Verwandte Wörter haben einen Teil im Wort, der gleich ist.
Diese Wörter gehören zu einer **Wortfamilie**.

SPIEL: **spiel**en, das **Spiel**, ge**spiel**t

2 Male an.

essen	Maler	Turnmatte	essbar
turnen	Roller	rollen	Turnschuhe
Feger	malen	Abendessen	fegen
Malkasten	gefegt	Handfeger	wegrollen

2 Schreibe die Wörter geordnet auf.

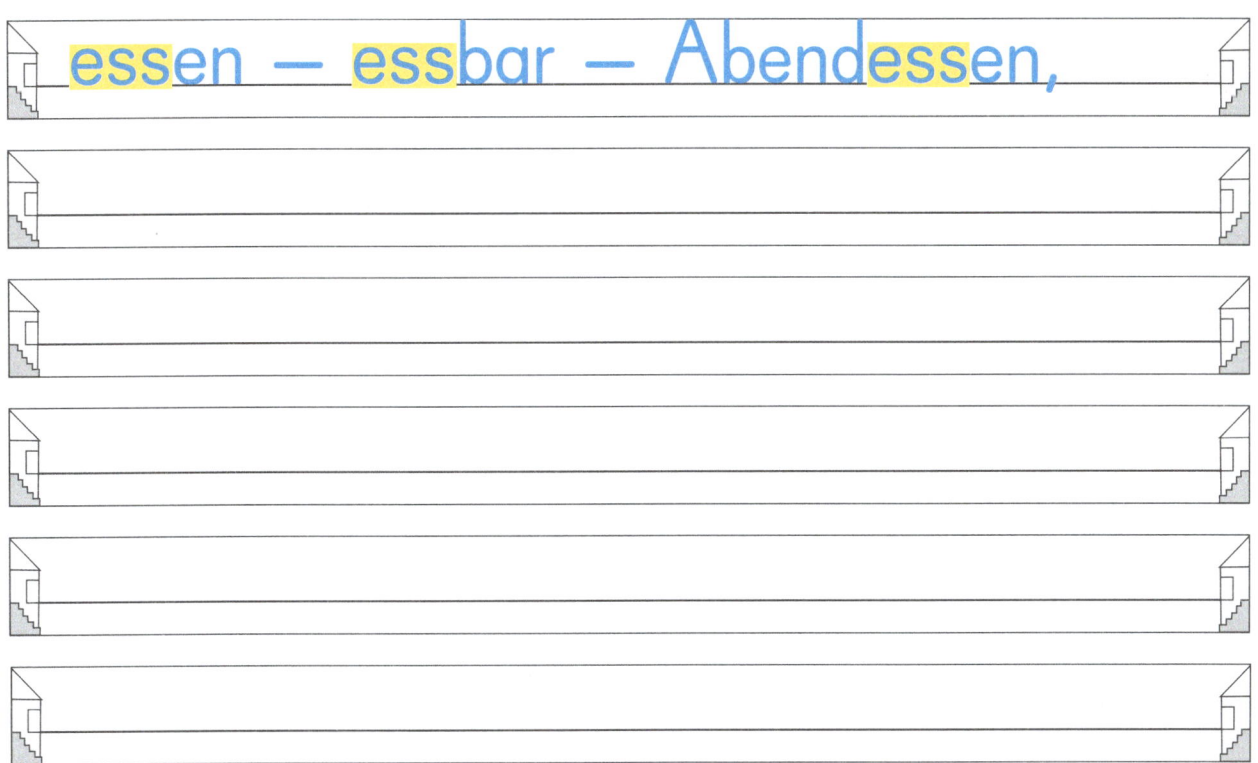

essen – essbar – Abendessen,

Mit **Wortbausteinen** kann man neue Wörter bauen.

bauen: | auf | bauen | an | bauen | um | bauen

1 Markiere die Wortbausteine.

aufschreiben	verschreiben	abschreiben
umschreiben	unterschreiben	mitschreiben
hinschreiben	beschreiben	vorschreiben

2 Bilde neue Wörter. Schreibe auf.

ab		abmalen
an	malen	
aus		

weg		
hin	gehen	
aus		

los		
weg	fahren	
ab		

hin		
aus	sehen	
weg		

Am Ende eines Satzes steht oft ein Punkt.

Die Kinder rennen.

---

1 Lies und markiere die Punkte.

Lena und Lisa rennen im Garten.

Lisas Hund Udo ist am Zaun.

Er rennt hin und her.

Da kommt Lisas Mama mit Opa.

Opa hat etwas für Udo dabei.

Udo schaut neugierig zu Opa.

Es sind _____ Sätze.

2 Lies und setze die Punkte.

Opa hat eine Wurst für Udo.

Udo mag Wurst sehr gern

Die Wurst duftet toll

Udo ist aufgeregt

Er wartet und sabbert schon

Es sind _____ Sätze.

Punkt am Satzende setzen

1 Lies und verbinde die Satzteile.

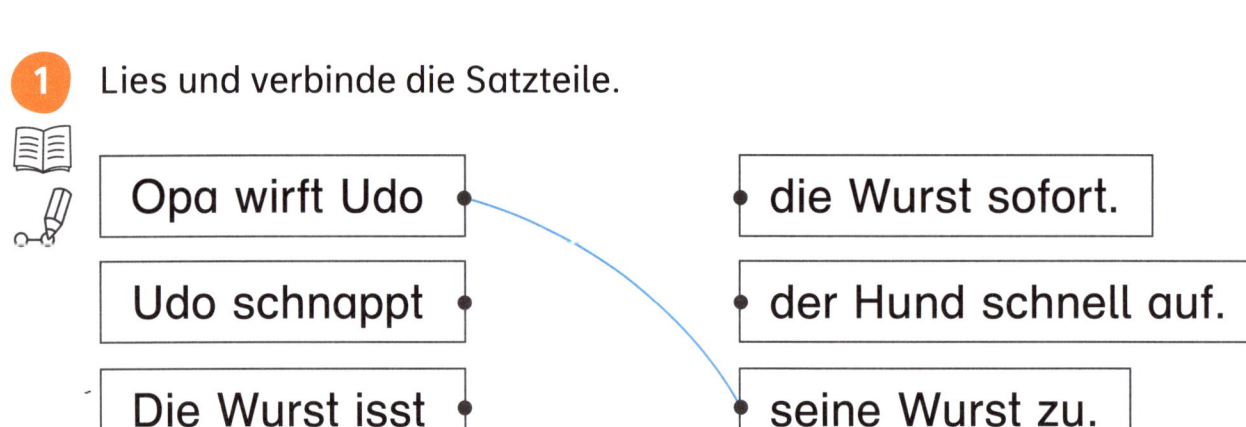

Opa wirft Udo	die Wurst sofort.
Udo schnappt	der Hund schnell auf.
Die Wurst isst	seine Wurst zu.

2 Schreibe die Sätze auf. Markiere die Punkte.

Opa wirft Udo seine Wurst zu.

3 Setze Punkte.

Udo will mit Opa in den Park.

Opa und Udo gehen zusammen los

Dort laufen sie um den See Udo rennt ins Wasser

Nun ist er so nass Opa muss grinsen

Das erste Wort im Satz schreibt man groß.

==Die== Schule ist aus. ==Später== treffen sich die Kinder.

1 Markiere die Satzanfänge und die Punkte.

==O==mas Auto ist kaputt==.==

Sie will nun kein Auto mehr.

Deshalb kauft sie einen Roller.

Er ist rot und sehr flott.

2 Korrigiere die Satzanfänge. Markiere die Punkte.

M
~~m~~it dem Roller düst Oma umher==.==

sie findet den Roller super.

morgens war sie schon im Park.

der Roller ist sehr praktisch.

alle schauen der flotten Oma hinterher.

1 SVerbessere die Satzanfänge und setze Punkte.
Schreibe die Sätze richtig auf.

D

~~die~~ Schaukel ist am Ast.ich schaukele

Die Schaukel ist am Ast.

Lele hat eine Hose an auf der Hose ist eine Blume

im sommer schlafen wir oft bei Oma sie hat immer Eis

2 Setze Punkte und verbessere die Satzanfänge.

I

~~Im~~ Winter ist es kalt.dann esse ich

Es sind _____ Sätze.

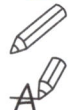

gern Waffeln ich esse am liebsten

Omas Waffeln sie sind so lecker dann

ist immer ein toller Duft in der Luft

1 Schreibe ab.

über	zum	gegen	hier	wann	dort
über					

2 Schreibe ab. Markiere die Satzanfänge und die Punkte.

Über Nils wohnen Opa und Oma.

Über Nils wohnen Opa und Oma.

Toms Schwester hat Hamster.

Wir fahren mit dem Bus zum Zoo.

Dort oben steht ein altes Haus.

Hier male ich viele Bilder.

Ein junger Hund rennt los.

1 Male die Wortfamilien mit gleicher Farbe an.

schreiben	vorlesen	Lauf	abschreiben
Schreibheft	laufen	aufschreiben	weglaufen
vorlesen	Leser	ablesen	Laufschuhe

2 Setze Punkte und verbessere die Satzanfänge.

D
~~die~~ Rehe fressen Gras.der Hirsch passt auf

alle Hasen sind auf dem Feld sie rennen umher

ein fremder fuchs schleicht durch den graben

Finde die 6 Fehler. Kreise ein.

Nomen schreiben

Nomen gibt es in der **Einzahl** und in der **Mehrzahl**.

eine Hose – viele Hosen
ein Kind – viele Kinder

1 Male an.

Blume	Tor	Enten	Tische
Nadel	Dose	Blumen	Lampen
Tisch	Tore	Lampe	Nadeln
Dosen	Autos	Ente	Auto

2 Schreibe die Nomen auf.

Einzahl: ein/eine	Mehrzahl: viele
eine Blume	viele Blumen

Nomen schreiben

1 Ergänze Einzahl oder Mehrzahl.

Einzahl: ein/eine	Mehrzahl: viele
ein Ufo	viele Ufos
ein Elefant	
	viele Bären
eine Gabel	
ein Hund	
	viele Melonen
	viele Eimer
eine Lampe	

2 Schreibe richtig auf.

	ein Heft		viele Hefte

Umlaute kennenlernen

Ä/ä, Ö/ö und Ü/ü sind Umlaute.

Äpfel, Körner, Würfel

1 Kreise die Wörter ein: Ä/ä   Ö/ö   Ü/ü

Säge	Löwe	Flöte	Bär	Flügel	Öl
Käse	Tür	Frösche	Hände	grün	wärmer
Träne	fünf	hören	müde	böse	grün

2 Trage die Wörter richtig ein. Markiere Ä/ä, Ö/ö und Ü/ü.

Wörter mit ä	Wörter mit ö	Wörter mit ü
Säge		

3 Trage die Umlaute ein.

_ü_ben	M___we	Br___cke	K___he
___pfel	Kr___te	Gl___ser	h___ren
Bl___te	sch___n	Pl___ne	sp___t

1 Ergänze die Nomen in der Mehrzahl. Markiere die Umlaute.

Einzahl: ein/eine	Mehrzahl: viele
eine Hand	viele Hände
ein Apfel	
eine Wand	
ein Ofen	
ein Wort	
ein Ton	
ein Tuch	
ein Wurm	
ein Hut	
ein Loch	
ein Rad	
ein Dorf	
eine Bank	
ein Vogel	
ein Dach	
ein Buch	
ein Mann	
eine Tochter	
ein Schrank	
ein Turm	

Wörter mit **Qu/qu** muss man sich merken.

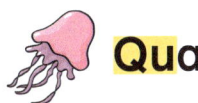 **Qu**alle  **Aqu**arium

1 Schreibe die Wörter auf. Markiere **Qu**/**qu**.

Qualle   Quartett   Aquarium   Querflöte   Quark   Qualm

Quartett

2 Verbinde die Reimwörter. Schreibe auf.

Wal	___er	
wer	___aken	
pieken	**Qu**al	Wal – Qual
haken	___ieken	

Falle	___atschen	
Park	___elle	
Stelle	___alle	
matschen	___ark	

 Wörter mit **Sp/sp** und **St/st** muss man sich merken.

 **Sp**inne    **St**iefel

1 Schreibe die Wörter. Markiere **St** und **Sp**.

Spiel	Stachel	Spagat	Stall	Spaghetti
Spaten	Stuhl	Spinne	Spuren	Spiegel	Stift
Specht	Steine	Stempel	Stufen	Stern

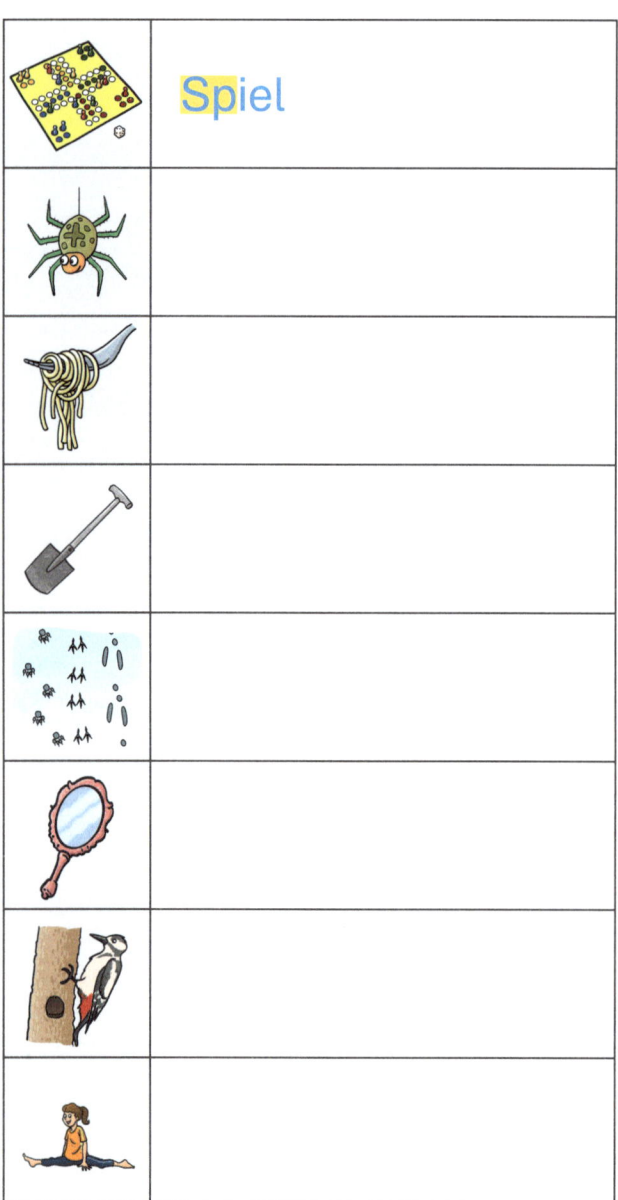

Spiel

1 Schreibe die Sätze ab.

	Die Klasse 1a ist sportlich.
	Ben springt über eine Bank.
	Alle spielen ein lustiges Spiel.
	Erik macht oft Quatsch.
	Mia stolpert über ihre Füße.
	Frau Kruse tröstet Sara.
	Dann spielen die Kinder zusammen.

1 Ergänze Einzahl oder Mehrzahl.

Einzahl: ein/eine	Mehrzahl: viele
eine Hand	viele Hände
ein Stein	
	viele Spiele
eine Qualle	
eine Stange	
	viele Störche

 Male so:
Das Monster mit dem Hut ist gelb.
Das größte Monster hat grüne Beine.
Das kleinste Monster
hat blaue Punkte.
Das Monster auf dem Tisch
hat lila Haare.
Mit dem pinken Roller
fährt das graue Monster.

1 Sprich deutlich. Kreuze an, wo du den Laut hörst.

Z z	(Baumstumpf) ×	(Zitrone)	(Zaun)	(Herz)

F f	(Föhn)	(Elefant)	(Flasche)	(Schaf)

K k	(Kaktus)	(Kasse)	(Bank)	(Schaukel)

P p	(Lupe)	(Raupe)	(Pinsel)	(Paket)

Sch sch	(Schwamm)	(Frosch)	(Dusche)	(Muschel)

M m	(Mütze)	(Lama)	(Kamm)	(Maus)

Laute im Wort hören

1 Sprich deutlich. Trage die fehlenden Buchstaben ein.

S s / Z z		__S__ onne	Pil___	Be___en	Wur___el	In___el
N n	**M m**	Di___o	Blu___e	___agel	___öhre	Bau___
B b	**P p**	___uch	___aket	Die___e	___är	Am___el
R r	**Ch ch**	Bu___	Kno___en	Pi___at	___eiten	Sche___e
G g	**K k**	___önig	We___e	___ans	Ber___e	___uchen

2 Sprich die Wörter und schreibe auf.

	G/K̲ äse	Käse		G/K eist	
	G/K och			G/K abel	
	B/P insel			B/P esen	
	B/P är			B/P aket	
	D/T ose			D/T afel	
	D/T ach			D/T iere	

Wörter mit langem ie schreiben

Wenn man ein langes **i** hört, schreibt man meistens **ie**.

 Liebe    Biene

1 Zeichne Silbenbögen ein. Markiere **ie**.

Sch**ie**ne	Biene	Knie
Spiegel	Stiefel	Ziege

2 Markiere **ie** und schreibe auf.

viele D**ie**be	ein Dieb	
viele Tiere		
viele Briefe		
viele Spiele		
viele Lieder		
viele Siebe		

Laute hören: langes ie und kurzes i

1 Sprich deutlich und finde die Wörter mit langem **i**. Kreise ein.

2 Sprich deutlich und setze **ie** oder **i** ein. Schreibe auf.

W_ie_se	B____ne	L____be
Wiese		
K____nd	sp____len	T____re
s____ben	P____nsel	R____se
Sch____ne	W____ppe	v____r
w____ndig	sch____ben	W____nter
L____ste	s____bzehn	T____sch
K____sten	Sch____ffe	W____nd

Merkwörter mit C/c schreiben

Wörter mit **C/c** muss man sich merken.

 **C**omi**c**    **Popc**orn

1 Schreibe die Wörter. Markiere **C/c**.

Comic	Camping		Creme	Popcorn
Cent	Computer		Clown	Currywurst

	Comic			

2 Schreibe die Wörter von oben richtig auf.

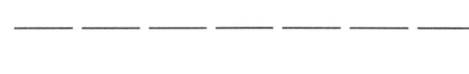

C o m i c

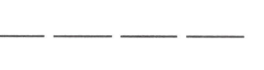

Merkwörter mit V/v schreiben

Wörter mit **V/v** muss man sich merken.

 **V**ogel    Kla**v**ier

1 Schreibe die Wörter. Markiere **V/v**.

Klavier   November   Vase   Vollmond   Kurve

Vorhang   Vulkan   vier   Vogel   Vater

Vogel

2 Sprich deutlich. Trage richtig ein.

V/v klingt wie **f**	**V/v** klingt wie **w**
Vogel	Klavier

1 Schreibe die Sätze ab.

	Ben möchte einen Comic kaufen.
	Leider hat er seinen Vater verloren.
	Im Laden ist richtig viel los.
	Ein netter Verkäufer hilft ihm.
	Ben wartet vor dem roten Vorhang.
	Er darf etwas Popcorn essen.
	Dann kommt auch Bens Vater zurück.

1 Sprich deutlich. Trage **ie** oder **i** ein.

w _ie_ gen	B___nen	s___nken	D___be
Fl___ge	W___ppe	v___r	Kn___
s___ngen	R___se	T___r	l___gen
Z___le	B___ld	s___ben	W___se

Welches Bild ist anders? Kreise ein.

Manche Nomen werden am Ende anders geschrieben, als sie klingen. Wenn man die Mehrzahl bildet, dann hört man es genau.

ein Hun$\frac{d}{t}$? → viele Hunde, also: ein Hund

ein Ber$\frac{g}{k}$? → viele Berge, also: ein Berg

ein Die$\frac{b}{p}$? → viele Diebe, also: ein Dieb

1 Was gehört zusammen? Kreise in der gleichen Farbe ein.

(Bild)	Kind	(Bilder)	Hemd
Land	Kinder	Hemden	Lied
Pferd	Lieder	Länder	Pferde

2 Schreibe die Wörter zusammen auf.

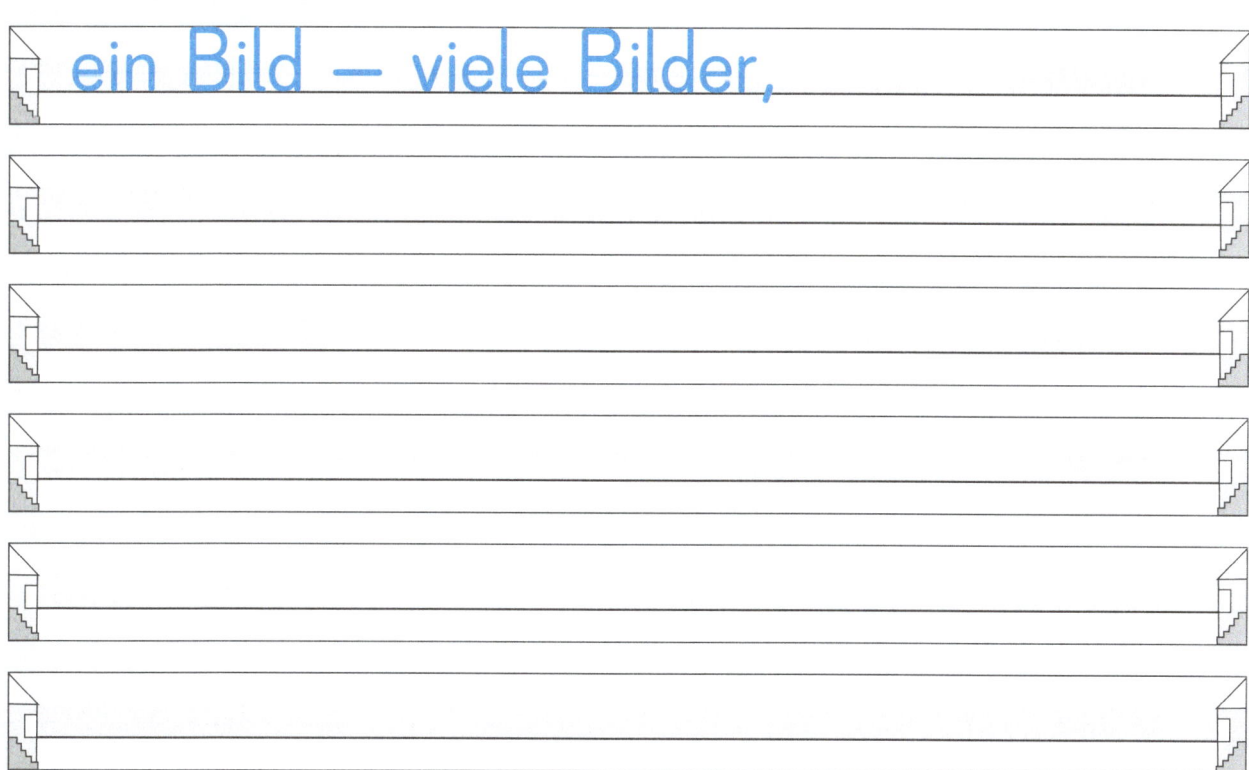

ein Bild – viele Bilder,

Laute am Wortende hören

1 Was gehört zusammen? Kreise in der gleichen Farbe ein.

(Korb)   Urlaube   Berg   (Körbe)   Weg   Siebe

Dieb   Sieb   Urlaub   Berge   Burg   Zug

Burgen   Diebe   Stab   Wege   Stäbe   Züge

2 Schreibe die Wörter zusammen auf.

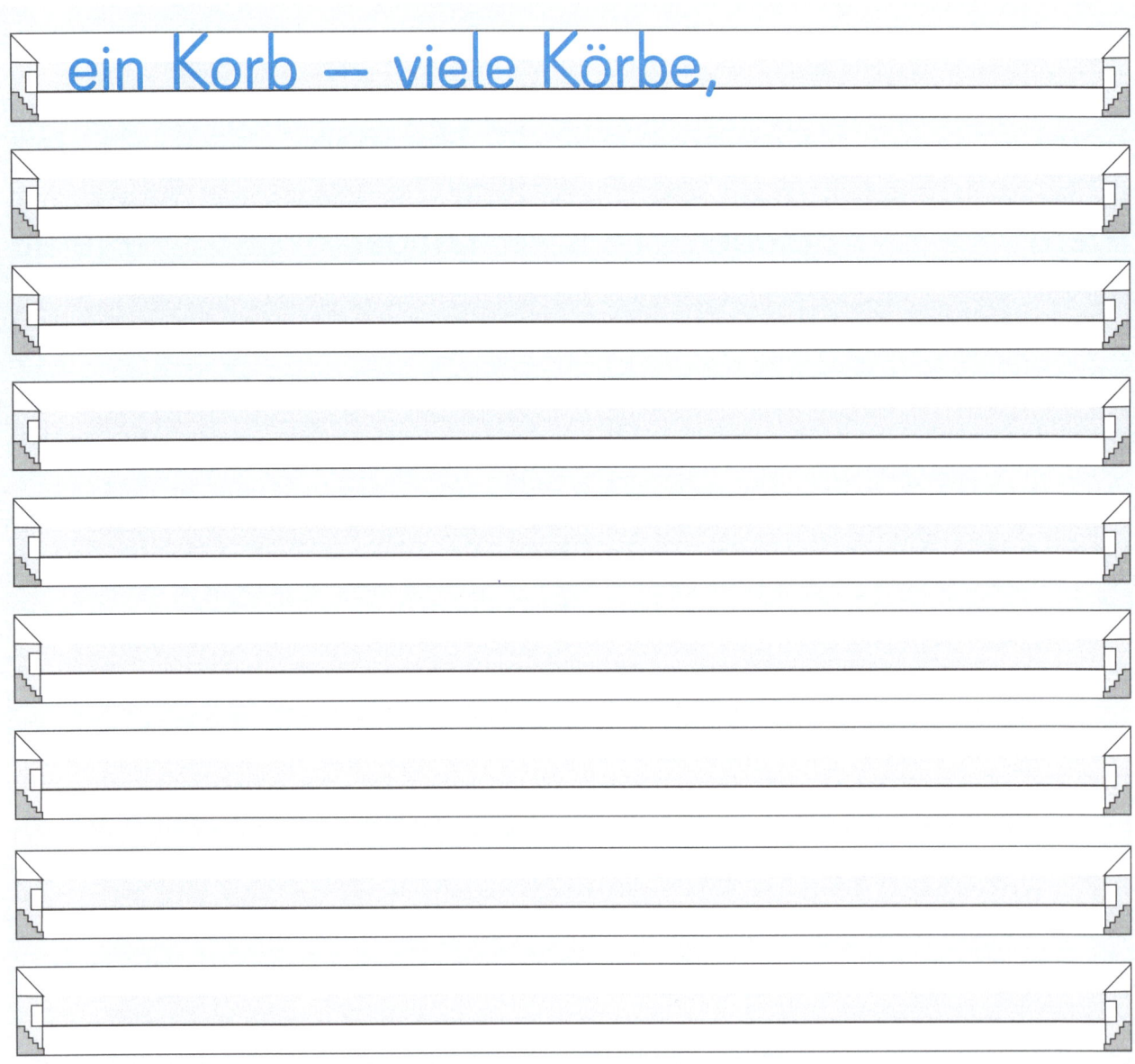

ein Korb – viele Körbe,

Wortbausteine verwenden

1 Markiere die Wortbausteine.

umziehen	ausziehen	abziehen
anziehen	losziehen	beziehen
wegziehen	vorziehen	verziehen

2 Bilde Wörter und schreibe auf. Markiere die Wortbausteine.

weg		**weg**laufen
hin	laufen	
los		
an		
aus	malen	
ver		
los		
weg	gehen	
aus		
weg		
ab	fahren	
los		

1 Bilde Wörter und schreibe auf. Markiere die Wortbausteine.

| weg | hin | her | unter | über | an | am | auf | aus | um | mit | los | ab |

fahren

wegfahren,

---

2 Bilde Wörter und schreibe auf. Markiere die Wortbausteine.

| weg | hin | her | unter | über | an | am | auf | aus | um | mit | los | ab |

bauen

anbauen,

Am Ende eines Satzes steht oft ein Punkt.

Die Kinder rennen.

1 Verbinde.

Heute machen wir	in kleine Stücke.
Wir schneiden das Obst	in eine Schüssel.
Alles kommt	in der Klasse.
Zum Schluss mischen wir	Obstsalat.
Gemeinsam essen wir	das Obst.

2 Schreibe die Sätze auf. Markiere die Punkte am Satzende.

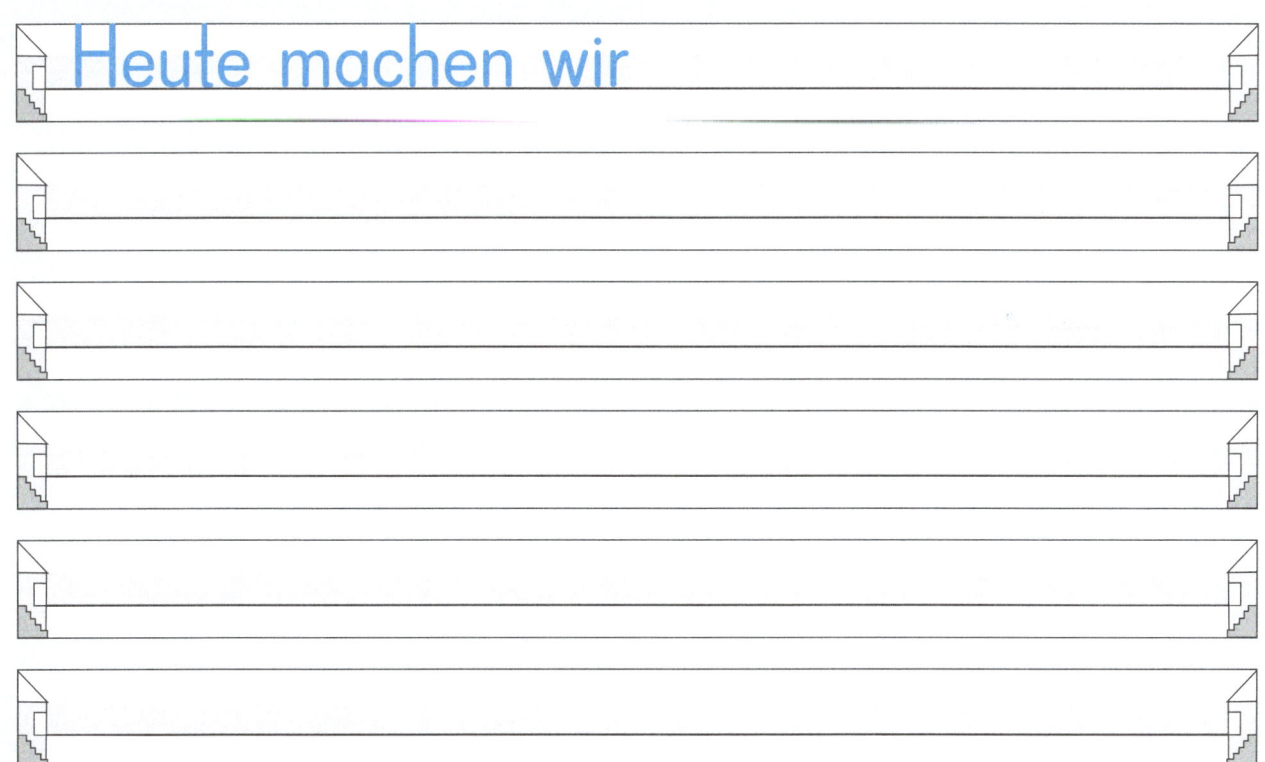

Heute machen wir

1 Setze Punkte.

Heute ist es heiß.Wir gehen ins Schwimmbad

Im Schwimmbad gibt es eine Rutsche Wir rutschen oft

Später essen wir Pommes Danach kaufen wir noch ein Eis

Am Ende holt uns Mama ab Wir sind alle müde

2 Setze Punkte und verbessere den Satzanfang.

I

~~i~~m Schwimmbad ist es toll. Finn springt vom Turm er ist

mutig alle springen fröhlich ins Wasser

3 Schreibe die Sätze auf. Markiere den Satzanfang und den Punkt.

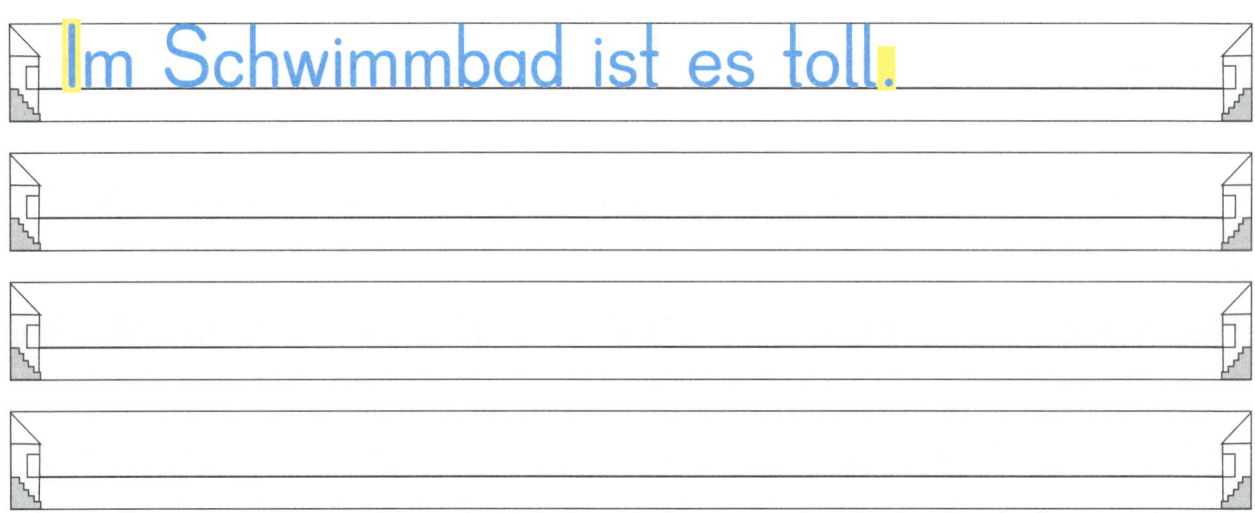

Im Schwimmbad ist es toll.

1 Verbinde und schreibe auf.

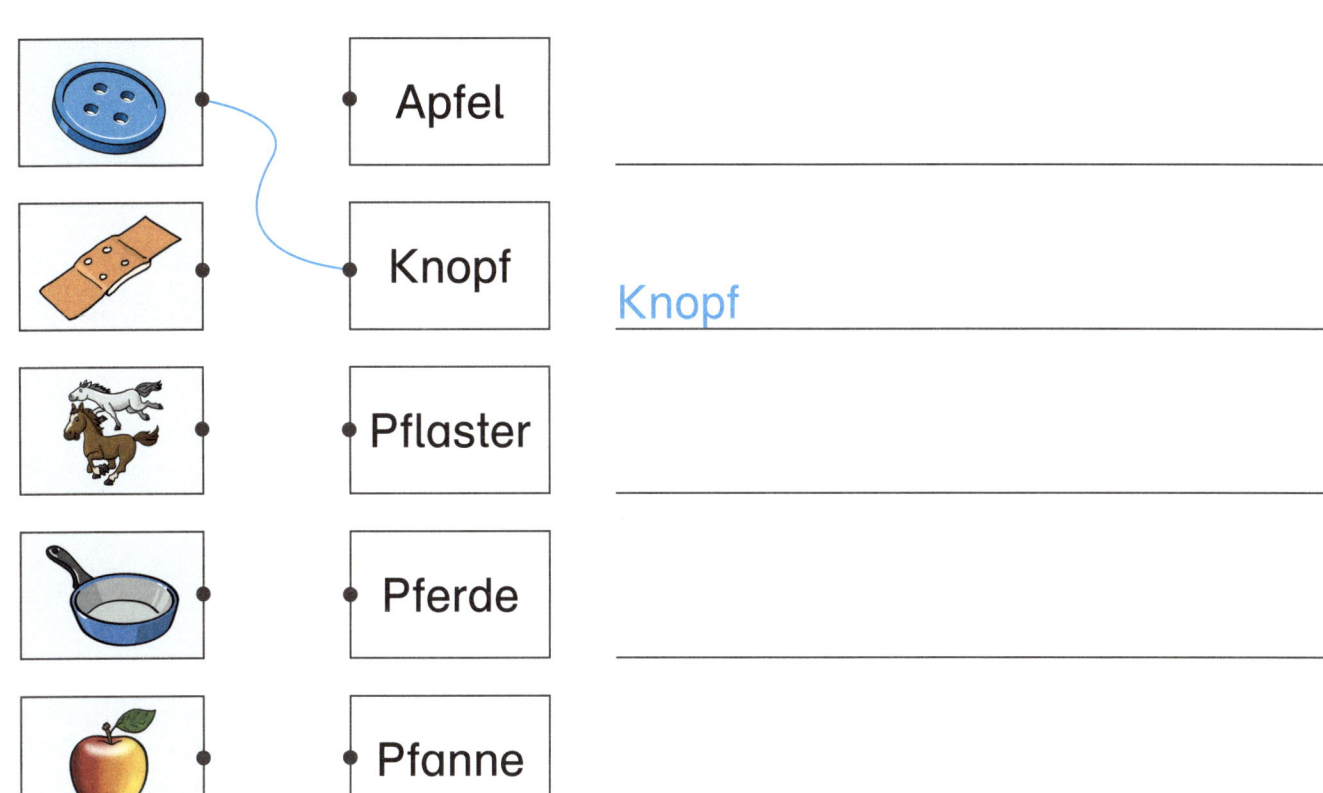

Bild	Wort
Knopf (Button)	Apfel
Pflaster	Knopf
Pferde	Pflaster
Pfanne	Pferde
Apfel	Pfanne

Knopf

2 Schreibe die Wörter. Markiere **Pf/pf**.

💧	Tropfen	Tro**pf**en
Pfeil	Pfeil	
Pfeffer	Pfeffer	
Topf	Topf	
Pfau	Pfau	
Pfeife	Pfeife	

Pflaumen	Pflaumen	
Pfote	Pfote	
Pfütze	Pfütze	
Pflanze	Pflanze	
Napf	Napf	
Kopf	Kopf	

Wörter mit ng und nk schreiben

1 Verbinde und schreibe auf.

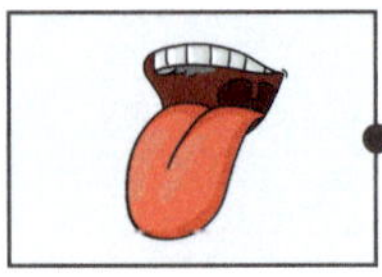

[Bild: Zunge]	Klingel	
[Bild: Junge]	Zunge	Zunge
[Bild: Schlange]	Bank	
[Bild: Bank]	Schlange	
[Bild: Klingel]	Junge	

2 Schreibe die Wörter. Markiere **ng** und **nk**.

[Bild]	springen	spri**ng**en	[Bild]	tanken	
[Bild]	Finger		[Bild]	Anker	
[Bild]	Lenker		[Bild]	Zange	
[Bild]	Schrank		[Bild]	Schranke	
[Bild]	Blinker		[Bild]	Spange	
[Bild]	Ring		[Bild]	trinken	

Abschreiben üben

1 Schreibe die Sätze ab.

	Hamza sitzt vor dem Fernseher.
	Die Kinder wollen noch malen.
	Oma und Opa fahren mit dem Bus.
	Ich habe zu viel gegessen.

2 Schreibe Sätze zu den Wörtern.

können	
nicht	
doch	
oft	
viel	
vor	
hart	

1 Bilde Wörter und schreibe auf. Markiere die Wortbausteine.

| weg | über | vor | ver |

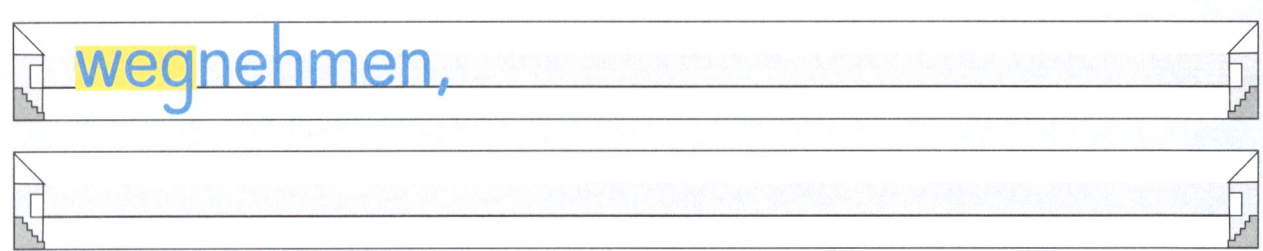

nehmen

wegnehmen,

2 Setze Punkte. Verbessere den Satzanfang.

B

~~b~~ald sind Sommerferien dann fliegen wir bequem weg

Löse das Rätsel.

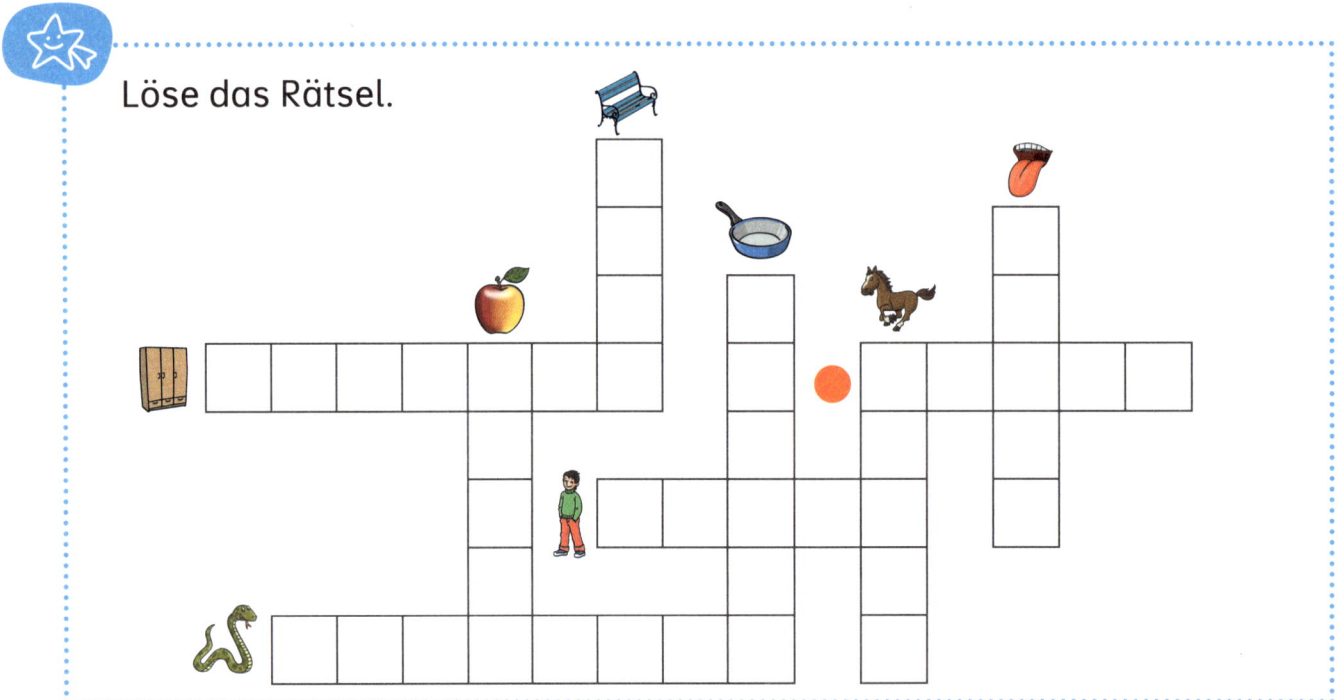

Sätze schreiben und verbessern

1	Vergleiche Wort für Wort mit der Vorlage.
2	Ein Fehler? Streiche das Wort durch.
3	Schreibe das richtige Wort darüber.

1 Finde die Fehler. Schreibe richtig.

Toni trinkt Limo.	Der Hund bellt.
trinkt	
Toni ~~trinkt~~ Limo.	der hund bellt.

Auf der Wiese finden die Kinder viele Blumen.
Auf dr Wiese finnden die Kinber fiele Blumn.

2 Schreibe ab. Vergleiche Wort für Wort.

Lesen	Der Wind bläst kranke Blätter von den Bäumen.
Verbessern	
Schreiben	Der Wind

Lesen	Heute schlafen Max und Murat im Zelt.
Verbessern	
Schreiben	

Sätze schreiben und verbessern

1 Lies die Sätze. Markiere deine Aufpass-Stellen.

2 Merke dir den Text Schritt für Schritt.

3 Sprich beim Schreiben mit.

4 Kontrolliere Wort für Wort.

Markieren	Unsere Klasse geht in den Zoo.
Verbessern	
Schreiben	Unsere Klasse geht

Markieren	Wir besuchen die Löwen.
Verbessern	
Schreiben	

Markieren	Die Affen schreien und klettern herum.
Verbessern	
Schreiben	

Markieren	Der Löwe schläft unter einem Baum.
Verbessern	
Schreiben	

Markieren	Am Ende gibt es für alle ein Eis.
Verbessern	
Schreiben	